LE RESPECT DE LA LOI SOUS LA RÉPUBLIQUE

PAR

SALNEUVE

DOCTEUR EN DROIT
VICE-PRÉSIDENT HONORAIRE DU TRIBUNAL CIVIL DE CLERMONT-FERRAND
DÉPUTÉ DU PUY-DE-DÔME

La Loi est la raison humaine.
MONTESQUIEU.

Nous sommes tous rois, étant tous citoyens.
Harmodius, par Victor DE LAPRADE.

Quid leges sine moribus?
HORAT., lib. III, ode 24.

VERSAILLES
CERF ET FILS, IMPRIMEURS DE L'ASSEMBLÉE NATIONALE
59, RUE DU PLESSIS, 59.

1874

A MES AMIS DU PUY-DE-DOME

LE

RESPECT DE LA LOI

SOUS

LA RÉPUBLIQUE

I

DE LA LOI

« La loi, en général, a dit Montesquieu, est la raison » humaine, en tant qu'elle gouverne tous les peuples » de la terre, et les lois politiques et civiles de chaque » nation ne doivent être que les cas particuliers où » s'applique cette raison humaine. »

Cette définition pose le principe du respect de la loi et de l'obéissance à la loi : en se soumettant à la loi. l'homme obéit à sa propre raison, éclairée par la libre manifestation de la raison de ses semblables. En respectant la loi, l'homme se respecte lui-même, dans ce qu'il a de plus noble et de plus élevé, dans sa dignité personnelle et sa volonté libre, facultés maîtresses qui constituent son essence et qui le distinguent du reste des êtres animés.

Lorsque notre raison formule la loi, lorsqu'elle exprime, par des préceptes moraux ou par les prescriptions d'un code, ses libres manifestations, dans l'ordre civil ou dans l'ordre politique, elle a pour guide la notion éternelle de la justice et du droit, cette lumière de notre conscience. La justice absolue, le droit absolu sont un idéal vers lequel doivent tendre tous nos efforts et toute notre activité ; nous en approchons sans cesse, et cette marche, trop souvent interrompue, est ce qu'on appelle le progrès ou la civilisation. La loi, dans ses applications diverses, est l'expression écrite et vivante du progrès ; à ce titre, elle a droit à nos respects et à notre obéissance, quelque imparfaite, d'ailleurs, qu'elle paraisse à la raison individuelle. La loi n'est pas le bien absolu, mais l'effort continu, persévérant vers le bien. En dehors de toute pression morale et de toute contrainte matérielle, nous devons donc lui obéir et la respecter.

Montesquieu distingue la loi politique, celle qui gouverne les peuples, de la loi civile, celle qui règle les rapports entre les hommes à l'état de société. Toutes les deux ont la même origine, dans la libre manifestation de la raison hnmaine, et le même caractère d'un effort constant vers le mieux, vers la perfection, si dificilement accessible pour la nature humaine. En principe, il est donc impossible de refuser à l'une ce qui, d'un consentement unanime, est accordé à l'autre, c'est-à-dire de professer le respect et de pratiquer l'obéissance pour la loi civile, tandis qu'on n'aurait pour la loi politique que de l'indifférence, et qu'on ne lui obéirait que par la toute-puissance de la force.

La force n'obtient jamais qu'un empire éphémère et contesté. Bien peu durable est la loi politique qui ne s'appuie que sur la force ; bien précaire est la loi civile et bien près de sa décadence est une nation, quand le droit n'a qu'une sanction matérielle, que la volonté générale ne ratifie pas librement et avec connaissance de cause.

Le droit civil, qui règle les rapports mutuels des hommes, dans le cercle de la vie privée, jouit aujourd'hui d'un respect à peu près incontesté et de l'obéissance de tous à peine troublée par la rivalité des intérêts particuliers, depuis que la civilisation a prévalu sur la barbarie primitive. Il dérive de principes clairs comme des axiomes moraux, d'idées fondamentales qui sont en quelque sorte la conscience humaine tout entière : les devoirs et les affections de famille, le sentiment de la propriété, la notion de la volonté libre, qui dirige nos actes et nous en rend responsables.

Chacun sent bien, par lui-même et sans avoir besoin de profondes réflexions, que la liberté civile et religieuse, la famille, la propriété sont les bases essentielles de l'ordre social ; sans la liberté, nous ne serions que des êtres irresponsables, agissant au gré d'impulsions mécaniques et aveugles ; sans la famille, nous tomberions au-dessous des animaux qui nous environnent ; sans la propriété, l'homme resterait à l'état des sauvages chasseurs ou pêcheurs, qui végètent dans les derniers degrés de l'humanité.

C'est pourquoi, nul ne refuse ses respects et son obéissance au droit civil, cet héritage toujours accru, que se transmettent les civilisations. C'est pourquoi le droit civil a toujours puisé son autorité dans l'adhésion universelle des hommes, et, si la force organisée des sociétés venait à lui manquer, il aurait encore un appui suffisant dans le concours de tous les intérêts attachés à sa conservation. On le rencontre partout conforme à lui-même dans ses principes et dans ses règles essentielles ; il ne varie dans ses applications que par l'effort naturel des libres manifestations de la raison humaine, s'exerçant sous des modes divers, suivant la différence des temps et des lieux.

Jusqu'à présent, la loi politique n'a pas accusé nettement son principe fondamental et indiscutable, sa règle suprême; aussi, n'est-elle obéie que par la contrainte et n'obtient-elle que des respects extérieurs, non confirmés par la conscience. Mais, enfin, ce principe, cette règle se révèlent à nos yeux ; nous apercevons, d'une façon tangible, l'expression de cette loi, et l'avenir nous montre, comme un but plus élevé encore, la plus haute application de la raison humaine : la loi internationale. Il dépend de nous d'établir, sur sa base rationnelle, la règle des rapports réciproques entre les citoyens et l'Etat; il appartiendra aux générations futures, dans un lointain qui fuit encore devant nous, d'étendre l'application de cette règle aux rapports de nations à nations, en perfectionnant le droit des gens, et de déférer à la libre manifestation de la raison humaine le règlement de ces rapports, qui est actuellement abandonné à la double action de la force et du hasard.

II

LA LOI CIVILE ET LA LOI POLITIQUE

L'histoire nous enseigne que la loi civile commença par n'être qu'une application de la force matérielle, et qu'elle ne s'en est dégagée que par de lentes améliorations, auxquelles les nations anciennes et modernes ont pris une part très-inégale. Il importe de mesurer la carrière parcourue par le droit civil, depuis ses origines; cette étude est à la fois un exemple et un encouragement, pour conduire au perfectionnement de la loi politique.

L'état social eut d'abord pour base la force physique, pure et sans mélange : la toute-puissance du père de famille, comme le plus fort dans le groupe familial. Il avait droit de vie et de mort sur sa femme et sur ses enfants, tant que ceux-ci étaient les plus faibles. Puis, quand l'âge lui ôtait ses forces, il était évincé, mis à l'écart, parfois même sacrifié.

Plus tard, la religion sanctifia l'autorité du père de famille, en la modifiant, et lui donna une sorte de consécration divine. Le vieillard conserva, dès lors, son pouvoir, toute sa vie, et devint même, après sa mort, un Dieu domestique. Ce fut un progrès, relativement à la barbarie originelle ; ce ne fut pas un progrès social. Il n'y eut toujours, dans chaque famille, qu'un maître, et la loi politique se modela, par suite, sur cette forme primitive de la loi civile.

Une grande partie du continent asiatique demeure encore asservie à cette organisation élémentaire : le père de famille, souverain absolu dans la famille ; le roi, souverain absolu dans l'Etat. On peut juger ce régime civil et politique à ses fruits ; il donne l'égalité dans la servitude, d'où résulte la suppression de la liberté civile et de la propriété, dont la coexistence est devenue solidaire dans les sociétés bien coordonnées.

Dans les Indes, tout appartient de croit divin au Rajah, représentant terrestre de Dieu : les biens et les personnes, la terre et ses produits, le travailleur et le travail. On partage les champs par communautés territoriales; chaque année, le collecteur héréditaire des tribus assigne aux familles de la communauté le carré de terres qu'elles doivent cultiver. Puis, quand vient la récolte, il laisse aux travailleurs le strict nécessaire, et il est comptable du surplus envers le Rajah.

C'est le triomphe de l'égalité la plus absolue dans un communisme dégradant. Il y a un pasteur et un troupeau ; tel qui était pâtre ou paysan se réveille ministre, et tel qui s'est endormi le soir général en chef se trouve, le lendemain, réduit à pêcher du poisson ou à mendier pour vivre. Tant que dure la faveur, le favori du maître est au-dessus de la foule. La religion et la coutume instituent des inégalités apparentes : il existe des castes distinctes formant une hiérarchie religieuse ; mais, le caprice souverain se joue de ces distinctions, qui n'ont qu'un caractère passager et n'intéressent en rien l'ordre social.

Le despotisme antique, qui survit encore dans l'Orient, est jugé par de tels résultats.

Notre civilisation européenne date de la civilisation grecque, qui substitua le règne de la loi au règne d'un homme, et le respect de la loi à l'adoration d'un individu. Cette révolution féconde naquit de la première application de la loi politique à un gouvernement républicain; Mais, comme toutes les révolutions, elle dépassa le but. En proclamant la liberté et la responsabilité du citoyen, elle négligea l'égalité.

Les civilisations de la Grèce et de Rome eurent pour base l'inégalité sociale, la division entre citoyens, étrangers et esclaves. Les républiques Grecques furent des aristocraties de citoyens égaux, nourris par un peuple de tributaires et de paysans esclaves ; la république romaine, fondée sur l'inégalité des travailleurs et des patriciens, vit bientôt l'égalité de fait régner entre les deux classes de citoyens, mais toujours à la condition de les nourrir et de les enrichir du travail des tributaires, libres à un degré inférieur, et des esclaves.

C'est pourtant au sein de cette inégalité que se forma le droit civil. Athènes eut la gloire immortelle d'en être le berceau.

Les lois d'Athènes ont proclamé et consacré l'égalite parfaite entre les citoyens. Elles ont graduellement restreint la puissance excessive du père de famille; elles ont reconnu des droits positifs à la mère légitime, tout en laissant les femmes dans un état de minorité légale, que nos lois conservent encore à certains degrés.

Elles ont émancipé les fils, dès l'âge où aptes à porter les armes, inscrits dans leur tribu comme citoyens actifs, ils ne devaient plus à leur père que le respect, l'affection filiale et une juste part de la fortune qu'ils pouvaient acquérir.

Athènes, ce foyer resplendissant des lettres, des arts, des sciences, fut aussi l'initiatrice du droit civil et du droit politique. Quelles nations populeuses, quels empires puissants ont laissé à l'humanité un souvenir plus glorieux, un héritage plus brillant, que cette république de quelques milliers de citoyens ?

Rome républicaine reçut et développa, dans plusieurs siècles tourmentés, le droit civil et le droit politique des Athéniens.

Rien de plus intéressant que d'étudier en détail l'organisme ingénieux des institutions protectrices de la liberté, de l'égalité, des droits des citoyens dans ces deux Républiques, si diverses d'origine et de fortune. Notre mécanisme constitutionnel et notre pondération des pouvoirs sont des jeux d'enfants, auprès de cet ensemble de lois politiques, suggérées par la pratique quotidienne de la souveraineté populaire.

Mais ce furent des institutions essentiellement aristocratiques et contraires au principe de l'égalité humaine ; elles étaient condamnées à périr. La république Athénienne succomba sous les coups d'un conquérant ; la république Romaine fut détruite par des usurpateurs militaires.

Remarquons, cependant, que le règne des Césars fut plus favorable que contraire au développement du droit civil. On sait, notamment par Cicéron, à quel degré de perfection l'avait élevé la république ; sous les Césars, les jurisconsultes l'ont codifié, suivant une forme systématique; ils ont tiré d'un recueil de sentences, d'axiomes, de préceptes moraux et de décisions judiciaires, la science du droit civil.

C'est là une œuvre chère aux usurpateurs, aux despotes, qui s'installent dans une civilisation progressive et consciente d'elle-même.

Les Césars de Rome ont donné l'exemple, en sanctionnant et en fortifiant de leur autorité les conquêtes du droit civil, pour mieux voiler l'asservissement politique. Leur exemple a été suivi par tous les souverains absolus, jusqu'à Frédéric de Prusse, à Catherine de Russie et à Napoléon Ier.

La véritable égalité parut dans le monde avec le christianisme. Proclamée d'abord dans l'ordre religieux, elle fut introduite lentement dans l'ordre civil, jusqu'à la révolution de 1789, qui l'a consacrée à jamais.

La règle qui détermine l'application de la liberté et de l'égalité dans l'ordre politique a été proclamée en 1848, date de l'avènement du suffrage universel.

Depuis lors, la lutte est engagée entre les deux principes rivaux, la force et la raison, pour l'organisation d'un régime politique conforme à la loi du Progrès : c'est la lutte entre la monarchie et la république.

III

LE DROIT CIVIL ET LE DROIT POLITIQUE EN FRANCE

Depuis bientôt un siècle, les bases du droit civil sont réunies dans nos codes, et la raison a gagné sa cause en France. L'égalité, prêchée d'abord par le christianisme dans l'ordre religieux, puis propagée dans l'ordre civil par les philosophes, est devenue le fondement de la législation et de la jurisprudence ; chaque jour, des lois nouvelles en règlent, de mieux en mieux, les applications et les tribunaux la confirment, par la constance non interrompue de leur doctrine et de leurs jugements. C'est, là, un développement comparable, sous certains aspects, aux progrès du droit opérés successivement, à Rome, par les Préteurs.

Le grand principe de la loi civile « tous les Français sont égaux devant la loi » est une vérité.

Ce principe est proclamé aussi en tête de la loi politique, « tous les Français sont égaux devant l'urne élec- » torale. » Mais, bien des obstacles nous séparent encore de la réalité, du triomphe de l'égalité politique.

La république les vaincra, parce qu'elle est la seule forme de gouvernement qui se concilie avec le suffrage universel, avec l'égalité vraie de tous les citoyens dans l'exercice de leur prérogative politique. Elle les vaincra rapidement, car les difficultés qui restent à franchir ne sont rien auprès de celles qui se sont opposées si longtemps au triomphe de l'égalité civile.

Une énumération sommaire suffit pour montrer quels furent les obstacles qu'ont surmontés nos pères, avant de parvenir au but ; et, en mesurant la carrière qu'ils ont si péniblement parcourue, celle que nous avons à parcourir nous-mêmes paraîtra courte et facile.

Ils ont dû abolir, dans la famille, l'inégalité entre les enfants : le droit d'aînesse ; l'autorité excessive du père de famille : faculté de s'opposer aux mariages, usage des lettres de cachet, liberté testamentaire illimitée, etc.

Dans la propriété, ils ont dû conquérir l'application des mêmes lois et répartir les mêmes charges sur tous les biens, supprimer les majorats, les substitutions, la main-morte, les terres nobles, les franchises, etc.

Dans les rapports sociaux, ils ont fait de la noblesse héréditaire, une simple distinction honorifique ; ils ont effacé les débris du vieux régime des castes : les maîtrises, les jurandes ; ils ont ouvert à tous les voies du travail et rendu accessibles toutes les carrières.

Le christianisme a donné l'exacte notion de l'égalité morale, quand il nous enseigne que les hommes sont jugés sur leurs œuvres, sans distinction de rang ni de fortune. De même, la loi civile reconnaît et consacre leur égalité absolue devant le droit ; la loi politique a fondé leur égalité dans le titre de citoyen, en instituant le suffrage universel, dont elle a reconnu le droit souverain et primordial. Mais, la République, seule, donne à cette égalité la sanction pratique, en faisant du suffrage universel le fondement même de la politique dans notre démocratie ; c'est, en effet, la seule forme de Gouvernement qui vive du suffrage universel, qui le comporte, sans l'opprimer ou le falsifier, qui soit, en un mot, l'incarnation logique de la souveraineté du peuple et qui offre véritablement une garantie salutaire aux intérêts de tous.

Les intérêts, on les dit menacés par la loi du nombre qualifié présomptueusement de brutal, en pleine tribune de l'Assemblée nationale, par un orateur officiel. c'est une erreur capitale contre laquelle protestent tous les esprits droits. Les intérêts sont multiples et divers. Tous les membres de la société française y participent dans une mesure quelconque, de même qu'ils doivent supporter les charges générales en proportion de leurs facultés. Les intérêts, loin d'avoir à redouter le suffrage universel, ne peuvent être réellement satisfaits et sérieusement garantis que par l'harmonie des volontés générales, libres et raisonnables dans leur ensemble. Les cœurs généreux ne doivent-ils pas incliner à protéger, à soutenir, à élever les déshérités de l'état social, sans atteinte aux droits acquis? Si l'ignorance était invincible, si le plus noble attribut de la science et de l'expérience n'était pas de l'éclairer, de la préserver du danger de devenir l'instrument aveugle d'une domination despotique, l'objection du nombre brutal pourrait être spécieuse, mais cette objection surannée ne tient évidemment qu'à un préjugé oligarchique, fruit de l'égoïsme, qui est entretenu par la peur du divorce avec l'opinion publique, froissée, entravée dans ses aspirations par des résistances obstinées et des artifices byzantins.

Toutefois, la sanction pratique par la République du droit de tous les citoyens au scrutin de vote ne suffit pas. L'œuvre n'est pas complète encore, et, pour l'amener à perfection, la loi civile et la loi politique ont de grands progrès à réaliser. Mais, qu'on ne s'exagère ni leur puissance, ni leur charge, dans cette tâche qui consiste à corriger les inégalités naturelles, inhérentes à la santé, à la force physique et à l'intelligence.

Sans doute, la loi peut protéger plus efficacement, sinon la fortune elle-même, du moins le travail, qui en est le facteur important. Il faut reconnaître l'utilité de certaines réformes, tendant à faciliter l'association pacifique, la coopération, et, en général, l'effort de l'intelligence et du travail vers une fin utile. Mais que les esprits sérieux répondent! L'homme laborieux et économe n'est-il pas déjà amplement protégé dans ses intérêts et soutenu dans ses efforts par la loi française, quelle que soit sa condition?

La loi peut encore et doit contribuer, on ne saurait trop le redire, au développement de l'instruction. C'est un devoir impérieux pour l'Etat de multiplier les moyens de s'instruire, de les mettre à la portée de tous, d'exercer même une contrainte sur les pères qui refusent à leurs enfants ce pain de l'intelligence. Mais là s'arrête son œuvre. L'homme ne s'instruit réellement que par l'effort de sa propre volonté ; l'instruction ne se répand que par la volonté collective.

C'est ainsi que, par une amélioration progressive du milieu social, les mœurs et les lois se combinent par des rapports plus étroits, en se prêtant un mutuel appui.

Lorsque la révolution de 1848 trancha la question politique, en instituant le suffrage universel, les esprits n'étaient pas préparés à cette réforme soudaine. Eût-il mieux valu ne l'introduire que graduellement? De prétendus sages disent qu'on aurait échappé, de la sorte, à vingt années de tâtonnements et d'erreurs dans la pratique du nouveau droit politique. La monarchie constitutionnelle, ajoute-t-on, en développant la prérogative populaire par degrés, nous eût conduits pacifiquement à la République, en épargnant à la France des épreuves où elle a failli sombrer.

Questions oiseuses, sur lesquelles on peut deviser, même avec des regrets mêlés d'amertume! Mais, aujourd'hui, les choses ne sont plus entières. L'expérience a été entreprise et poursuivie. Elle est faite. Le suffrage universel existe; il a pris droit de cité ; il s'est éclairé par de longues années d'exercice et par les désastres mêmes qui ont suivi ses méprises. Le pays s'est familiarisé avec un régime, qui a reçu de nouvelles et solennelles consécrations par les élections générales du 8 février 1871 pour l'Assemblée nationale, et par les nombreuses élections partielles, où sa voix s'est fait entendre fréquemment depuis lors, indépendamment de tous les scrutins pour les autres corps électifs. Bien inconsidéré quiconque ferme les yeux et les oreilles, bien coupable qui méditerait un attentat contre le seul souverain légitime ! On n'oserait pas impunément une mutilation mille fois plus dangereuse, assurément, qu'une confiance motivée dans un fonctionnement intégral, qui se régularisera de plus en plus. Aussi, est-il à souhaiter que certaines restrictions, nouvellement écrites dans l'électorat municipal, ne soient pas admises pour l'électorat politique.

La révolution de 1789, absorbée dans le renouvellement de la loi civile, ne sut pas comprendre et appliquer le suffrage universel. Les guides, les exemples du passé lui manquèrent. Autour d'eux, les législateurs de l'Assemblée constituante et de la Convention ne virent ou ne surent voir que des gouvernements fondés sur le privilége; l'antiquité ne leur offrait pour modèles que des aristocraties à esclaves.

Aussi, la première constitution républicaine établissait une distinction fâcheuse entre les citoyens actifs et les citoyens passifs. Puis, l'égalité reprit ses droits politiques, du moins en théorie; on remit l'exercice de la souveraineté aux Assemblées primaires, qui ne purent jamais en user. Ce fut une erreur, car, dans une grande nation, la souveraineté se délègue et ne saurait s'exercer directement.

Après la révolution vint le premier Empire, qui fonda un pouvoir militaire, dont la domination, reflet de réminiscences césariennes, fut plus contraire à la liberté que favorable aux principes d'une égalité sainement entendue. Puis, la loi politique se modifia par l'établissement, en France, de la monarchie constitutionnelle et du régime censitaire.

Ce régime, en vigueur dans la plus grande partie de l'Europe, repose sur la violation évidente du principe de l'égalité; il est donc inconciliable avec le suffrage universel, qui est la plus haute expression de l'égalité politique.

Qui accorde, dans la liberté de sa conscience, l'obéissance et le respect à un roi constitutionnel? Il est roi par droit de naissance: Dieu l'a-t-il donc pétri d'une argile originale et lui a-t-il accordé un privilége particulier? Il est inamovible; et de quel droit, s'il devient prévaricateur, ou seulement incapable? Il laisse la royauté en héritage à son fils; est-ce un troupeau inconscient qu'il lui lègue, ou des hommes libres, qui ne veulent obéir qu'à celui qu'ils ont reconnu le plus capable et le plus digne?

Ce roi ne trouvera d'appui et d'obéissance que dans des fonctionnaires dociles, dans la force disciplinée qui l'aura adopté. Mais, le respect lui est refusé d'avance; respectez donc un souverain contrôlé par des mandataires de la nation plus souverains que lui, qui lui imposent ses ministres, qui discutent et lui mesurent sa liste civile!

Le privilége du cens est encore plus choquant. Nos pères ont aboli celui de la noblesse, qui reposait sur une longue tradition de gloire et d'honneur; est-ce pour y substituer, d'une façon même subreptice, celui de la fortune? Qui donc acceptera, comme une vraie supériorité, celle de la richesse, qui dépend de tant de hasards et dont la source n'est pas toujours pure?

Nous reconnaissons volontiers la supériorité de l'intelligence, parce que nous en sommes juges nous-mêmes; parce qu'elle se démontre et ne s'impose pas. Nous savons, d'ailleurs, que gouverner les hommes est une tâche difficile; car gouverner, c'est transiger avec discernement. Il faut donc qu'à la tâche la plus difficile soit appelé le plus capable. Mais confier cette responsabilité au plus noble, ou au plus riche, c'est de l'inconséquence.

Telle est la justification des réformateurs de 1848, qui proclamèrent, à la même heure, la République et le suffrage universel.

IV

LE SUFFRAGE UNIVERSEL ET LA RÉPUBLIQUE

Le suffrage universel, après deux années d'application, fut bientôt mutilé par la loi impolitique du 31 mai 1850. Le second empire en est issu. C'est l'histoire d'hier.....

Le droit suprême reparut dans son intégrité. Qu'a-t-il été sous le second empire? comment a-t-il fonctionné pour les divers pébliscites et dans les scrutins périodiques pour les corps électifs de tous les degrés ? a-t-il été dirigé ? a-t-il été libre ?

A de telles questions chacun peut répondre suivant ses souvenirs, suivant ses impressions.

Tout gouvernement est jugé par sa fin. Aucun n'échappe au verdict rigoureux de l'histoire.

Pour les contemporains, l'intérêt supérieur de la patrie doit dominer immédiatement, exclusivement, les consciences, en même temps que les esprits sont soudainement frappés et éclairés par une chûte prévue ou imprévue.

Nous ne jugerons pas les gouvernements déchus en 1830, en 1848, en 1870. Les anathèmes et les indignations posthumes relèvent de l'histoire ou d'une polémique aux vives allures. Mais, se respecter assez soi-même pour résister au facile et vulgaire penchant à des critiques acerbes, fussent-elles justifiées, c'est sans doute faire preuve d'une sérénité d'âme et d'une dignité de caractère, qui peuvent être modestement ambitionnées. N'est-ce pas, au surplus, le moyen le plus honnête et le plus sage d'exprimer, avec franchise et sans réticence, la doctrine qu'on professe consciencieusement, et de l'affirmer, sinon avec autorité, du moins avec sincérité ? Bannissons donc toute acrimonie envers les opinions d'autrui.

Qu'il suffise de dire, pour l'enchaînement de nos pensées, que la France a chèrement expié l'abolition de la constitution républicaine de 1848. La nécessité impérieuse d'un relèvement moral s'impose actuellement à la nation, que la logique conduit à revenir franchement à la République.

La fatale théorie des hommes providentiels, glorifiée par le philosophe Hégel et par l'historien Macaulay, mais justement réfutée par l'économiste Stuart Mill et par d'autres grands esprits, ne doit plus être expérimentée. Le succès ne saurait être une justification morale pour la violation de la légalité, quels que soient le temps, le lieu et la forme de cette violation, qui aboutit inévitablement au pouvoir personnel ; or, un pouvoir personnel, avec une décoration quelconque, civile ou militaire, ne peut être qu'un expédient, mais jamais un établissement respectable. Il n'est, il ne sera toujours qu'une dictature plus ou moins tempérée et toutes les dictatures, si mitigées qu'elles veuillent être, présentent des traits communs que l'histoire a enregistrés et qui peuvent se résumer dans la confiscation de la puissance souveraine et des libertés publiques. Les nations qui laissent aller ainsi leurs droits à la dérive, en les abandonnant à un homme, c'est-à-dire à la garde du hasard, sont vouées à une sujétion, à un abaissement des caractères, qui mènent infailliblement à la décadence. L'intérêt s'accorde donc avec la dignité pour nous commander d'affirmer virilement, en toute occasion solennelle, notre liberté avec toutes ses prérogatives, qui ne peuvent puiser une bonne garantie que dans des institutions bien coordonnées.

La République, ressuscitée par l'assentiment général, a soutenu, pour l'honneur national, une lutte désespérée. Puis, après les douloureux sacrifices, dont elle n'est pas responsable, et, à l'ombre de son drapeau en deuil, a été accomplie l'œuvre difficile de la libération du territoire, qui honorera à jamais un grand citoyen. Ces temps d'humiliations et d'épreuves n'ont pas besoin d'être rappelés; le cœur de tout vrai patriote en saigne encore.....

La République se trouve aujourd'hui en présence de ses adversaires, sans autres alliés que le droit et que la voix souveraine du suffrage universel.

Nous savons où nous conduiraient les anciens partis....

La République est notre seul port de salut : elle a pour principal moteur la force des choses, puissance irrésistible de la logique, de la vérité, de l'opportunité; elle est l'expression libre, rationnelle, irréfutable, de la souveraineté et de la volonté de la nation ; fondée et organisée par le suffrage universel comme gouvernement du pays par lui-même, elle n'affectera pas d'esprit d'exclusion et aura le sceau de la dignité et de la liberté. Notre immortelle révolution de 1789 aura enfin trouvé sa formule de progrès, d'ordre et de paix publique.

Nous sommes encore dans la période de lutte, entre l'avenir qui se lève et le passé qui ne veut pas mourir. Mais, chaque jour, la République étend ses conquêtes morales et prépare son avènement définitif.

Les préventions fausses tendent à s'effacer. La bourgeoisie se rallie à la forme républicaine. C'est un grand fait qui frappe les esprits réfléchis. Ceux, en effet, que que leurs lumières, leur intelligence et leur patriotisme désignent au suffrage universel pour guider prudemment la République vers ses destinées nouvelles, viennent, un à un, se ranger sous son drapeau tutélaire. L'adhésion de l'élément conservateur à la République est, en définitive, un acte de ferme, de haute raison, la conséquence de l'étude, de l'examen impartial des nécessités contemporaines.

Naguère encore, les défenseurs les plus autorisés de la République étaient les vétérans des anciennes luttes, les organes éloquents du droit populaire, les tribuns de la liberté et de l'égalité. Tous les combattants de la première heure sont à leur poste ; mais ils partagent la tâche avec les aînés de la vie sociale, avec des hommes appartenant aux classes dites dirigeantes, avec les représentants de la grande industrie, du haut commerce, de la propriété territoriale. Leur programme est le même, et leurs votes se confondent.

Ce concours montre que la condition essentielle d'un établissement républicain est de rassurer les intérêts. Un tel régime doit avoir pour objectif et pour effet, plus qu'aucun autre, de supprimer les causes de conflits et d'écarter les intrigues des partis par la conciliation, l'apaisement de toutes les questions morales, religieuses, économiques et politiques ; c'est ainsi qu'il s'acclimatera successivement et complètement dans les mœurs de la nation.

Qui oserait dire encore que la Réqublique, alors qu'elle s'accrédite dans le pays et s'y incorpore aussi manifestement, est le désordre, la licence, l'oubli et le mépris des lois?

Depuis longtemps, les ouvriers des villes sont convertis aux idées républicaines. Ils ont été les combattants d'avant-garde; ils ont résisté, en général, aux vaines promesses et au mirage trompeur des utopies aventureuses; en majorité immense, ils ont réprouvé les excès et témoigné de leur respect pour l'ordre établi, même en opposition à des perspectives, qui n'ont souvent qu'une apparence de vérité et de justice. La République les considère comme siens à jamais; elle ne leur promet ni brusques réformes, ni changements soudains et irréfléchis dans la constitution sociale. Rien, sous ce rapport, ne peut être sérieusement entrepris que par la liberté, par le respect absolu du droit, par la puissance du sentiment moral et de l'esprit de famille et de sociabilité; mais la République s'engage à étudier les vœux et les besoins, à favoriser les efforts pacifiques, guidés par le sentiment du devoir et de la responsabilité humaine. Elle ne faillira pas à sa noble mission.

Enfin, la République est le gouvernement par excellence de ces millions de paysans dont le labeur enrichit la France et dont le front, courbé sous le joug des anciens régimes, ne s'est levé vers le ciel que depuis la glorieuse nuit du 4 août 1789.

Savaron, député de la Basse-Auvergne aux Etats-Généraux de 1654, y dépeignait les paysans réduits, dans leur misère, à se nourrir de racines et d'herbes sauvages. Le moraliste Labruyère les représentait comme des animaux à face humaine, brûlés par le soleil, arrosant de leurs sueurs un sol qu'ils cultivaient pour leurs maîtres.

La tradition a transmis aux paysans, qui n'oublient pas, leurs griefs les plus saillants contre les vestiges de la féodalité, devenus pour eux légendaires.

Jusqu'à la veille de 1789, la France n'a-t-elle pas compté de nombreux paysans, serfs de la glèbe et mortaillables, vendus avec la terre qu'ils fécondaient de leur travail, et privés de laisser à leurs enfants le maigre pécule ou le chétif mobilier, péniblement acquis par une vie de souffrances.

De ces hommes écrasés, opprimés, réduits à un état de servitude, la Révolution de 1789 et la République ont fait des propriétaires libres, sans autre maître que la loi, des citoyens auxquels toute carrière est ouverte et dont le vote est compté à l'égal de celui des plus nobles et des plus riches; ils ont pu faire fructifier leur droit individuel par un labeur assidu. Que demandent-ils maintenant? Uniquement la garantie de ce droit individuel, qui est complexe.

C'est la République qui leur garantira le mieux leurs droits de propriété, de suffrage et d'égalité devant la loi, parce qu'ils en seront les GARANTS EUX-MÊMES; ne sont-ce pas les paysans, dont les votes forment la majorité, dont les voix sont l'expression même de la souveraineté nationale?

Fondée sur le vote réfléchi des paysans, guidée par l'esprit politique des hommes éclairés, stimulée par l'initiative des travailleurs des villes, la République, seul vrai gouvernement du pays par le pays, deviendra stable et sagement progressive, sans tous les écueils contre lesquels se sont brisés l'honneur et la fortune de la France.

V

CONCLUSION

Suffrage universel et République sont donc indivisibles. L'un est la raison humaine se manifestant dans sa plénitude et dans sa liberté : l'autre en est l'application logique. Ils sont liés l'un à l'autre comme l'organisme est lié au corps qu'il anime et fait mouvoir.

Le spectacle de l'Europe ne nous présente guère que des peuples attardés sous le joug du despotisme ou en travail de République.

Le despotisme oriental fleurit en Turquie ; et, en Russie, le despotisme est tempéré par les mœurs. Qui voudrait vivre dans ces deux pays ?

L'Autriche essaie la monarchie constitutionnelle, non encore acclimatée dans le chaos des peuples réunis sous le sceptre des Hapsbourg.

L'Allemagne rétrograde de ses monarchies tempérées au régime du sabre, et c'est son premier châtiment.

En Angleterre, l'aristocratie maintient une sorte de République soumise à des présidents héréditaires, avec des alternatives de qualités et de défauts, que comporte la nature humaine.

L'Espagne se débat, au milieu des guerres civiles, entre la monarchie et la République, et l'Italie marche à la République par la monarchie parlementaire, étayée sur le suffrage restreint.

Enfin, dans les Etats de second ordre, Belgique, Hollande, Grèce, Suède, Danemark, Portugal, que voyons-nous, sinon des Républiques présidées par un fonctionnaire qui porte le titre de roi, et qui n'est qu'un rouage presque superflu dans la constitution ?

Comparez à ces fictions la Suisse républicaine et la grande République des Etats-Unis. Où sont la véritable prospérité, le progrès, l'énergie bien équilibrée?

Il est temps de revenir à notre point de départ.

On nous accuse de manquer de respect en France ; cependant nous respectons la religion ; mais, ses ministres ne sont-ils pas enclins à sortir du domaine spirituel? La masse de la nation n'est-elle pas ébranlée, parfois, avec regret, dans ce respect qu'il dépend beaucoup d'eux de rendre incontesté?

Nous respectons la justice ; mais, sous les gouvernements antérieurs, son sanctuaire n'a-t-il pas été quelquefois envahi par la politique?

Nous respectons la loi civile; mais la République peut, avec une plus parfaite équité que toute autre forme gouvernementale, assurer ce respect, fondé sur l'égalité vraie de tous les citoyens devant la loi.

Il faut aussi que nous apprenions, gouvernants et gouvernés, à respecter la loi politique, en faisant émerger son unité, obligatoire pour tous, de l'arsenal des lois incohérentes provenant de régimes contradictoires. La République nous enseignera ce respect suprême qui sera sa force, sa virtualité, sa raison d'être ; mais, il ne suffit pas de la proclamer, pour faire cesser la lassitude de l'équivoque, ruineuse pour le pays qui veut de la sécurité et de la confiance ; il faut la défendre dans son principe, sans persécution, mais avec fermeté, l'affirmer énergiquement, l'organiser dans ses applications, la sanctionner par l'effort individuel, par le développement des vertus du vrai républicain, plus Athénien sans doute, de nos jours, que Spartiate, sous l'influence d'une sociabilité progressive. Il faut, en un mot, faire de la République le pouvoir le plus réparateur, le plus solide, le plus fort, pour qu'il ait l'autorité de l'estime générale.

L'homme éclairé refuse ses respects au souverain temporel qui se prétend le délégué de Dieu, et plus encore à celui qui ne relève que de la force ; il méprise les systèmes bâtards, où le privilége de la naissance et de la fortune essaie de se concilier avec l'égalité, base de la souveraineté nationale ; il ne saurait respecter, ni des compromis décevants, qui aboutissent toujours à la révolution, ni des usurpations violentes ou déguisées, qui engendrent la haine et provoquent les mauvaises passions.

Mais, quand la nation aura parlé, dans des élections générales, par la voix libre et toute-puissante du suffrage universel, CETTE LOI DES LOIS ; quand la raison humaine se sera ainsi manifestée dans sa plus haute et plus légitime expression, qui donc, alors que tous les droits et tous les intérêts seront libéralement sauvegardés, qui donc lui refuserait obéissance et respect ?

P. S. — Cet aperçu sommaire et rapide du respect de la loi sous la République a été livré à l'imprimeur le 7 juillet, à la suite de la séance de l'Assemblée nationale, où a été voté l'électorat municipal ; il est donc exclusif de toute modification ultérieure pouvant résulter d'aspects nouveaux dans la politique courante.

FIN.

www.ingramcontent.com/pod-product-compliance
Lightning Source LLC
LaVergne TN
LVHW010251230826
846091LV00007B/2904

* 9 7 8 2 0 1 3 6 5 1 1 7 2 *